FÊTE DES ÉCOLES.

FÊTE DES ÉCOLES.

LETTRE PASTORALE

ET DISCOURS

DE MONSEIGNEUR

L'ARCHEVÊQUE DE PARIS,

POUR

L'ÉTABLISSEMENT ET L'INAUGURATION

DE LA

FÊTE DES ÉCOLES.

PARIS.
LIBRAIRIE D'ADRIEN LE CLERE,
IMPRIMEUR DE NOTRE SAINT PÈRE LE PAPE ET DE L'ARCHEVÊCHÉ,
RUE CASSETTE, 29. PRÈS SAINT-SULPICE.
—
1853.

LETTRE PASTORALE

POUR

L'ÉTABLISSEMENT

DE LA

FÊTE DES ÉCOLES.

LETTRE PASTORALE

DE MONSEIGNEUR

L'ARCHEVÊQUE DE PARIS,

ANNONÇANT

L'ETABLISSEMENT D'UNE FÊTE POUR LES ECOLES

Nous, MARIE-DOMINIQUE-AUGUSTE SIBOUR, par la miséricorde divine et la grâce du Saint-Siége apostolique, Archevêque de Paris;

Au Clergé et aux Fidèles de notre Diocèse, salut et bénédiction en NOTRE SEIGNEUR JÉSUS-CHRIST.

La Religion et la Science, NOS TRÈS-CHERS FRÈRES, sont les deux flambeaux qui éclairent le monde, l'un par la lumière surnaturelle dont il illumine l'humanité, pour la faire participer à la vie même de Dieu; l'autre par la lumière naturelle qui, en formant la raison dans l'homme, rend son esprit capable de connaître et d'admirer les merveilles de la création : et ces deux lumières partent du même foyer, de Dieu, que la sainte Écriture appelle le Père des lumières, duquel descend tout don parfait. Jésus-Christ, le Verbe Dieu, uni avec son Père et le Saint-Esprit, s'appelle lui-même, dans l'Évangile, tout à la fois la vérité et la vie, la lumière du monde et le pain des intelligences. Ce grand Dieu, l'Être des êtres, le Dieu trois fois saint, est donc la source infinie de la vie, de l'amour, de la perfection, et aussi la source pure et intarrissable de la vérité, de la lumière, de toute connaissance. Il est le Dieu de la Science non moins que le Dieu de la Grâce : *Deus Scientiarum Dominus est* (1).

Mais si la Religion et la Science ont le même principe, elles ont aussi la même fin, à laquelle elles tendent par des voies diverses, par des moyens différents. Elles sortent de Dieu pour revenir à Dieu, en ramenant l'homme à son Créateur, soit par la distribution et l'usage de ses grâces, soit par la contemplation et le bon emploi de ses œuvres. Rien n'est donc plus naturel et plus utile que l'alliance de ces deux grandes choses, données à l'homme par la munificence divine, pour le diriger sûrement à travers les créatures vers sa fin dernière, et harmoniser d'une manière admirable sa destination temporelle et sa destination céleste.

C'est pourquoi, NOS TRÈS-CHERS FRÈRES, c'est un bien grand malheur, le plus grand des malheurs, quand, par une effroyable aberration de

---

(1) I. REG. II, 5.

l'esprit humain, et par les passions et les préjugés qui en sont la suite, la Religion et la Science, au lieu de s'accorder et de se soutenir l'une par l'autre, se divisent et entrent en lutte par leurs doctrines, par leurs enseignements, par leurs institutions. Le dix-huitième siècle a été l'instrument le plus actif de cette déplorable discorde, si fatale aux hommes et aux sociétés de nos jours, et dont nous recueillons encore les tristes fruits.

Mais, grâce à la divine Providence, qui se manifeste aujourd'hui d'une manière si merveilleuse dans ces tendances générales des esprits que les révolutions semblent avoir inclinés du côté des doctrines religieuses, notre siècle est peut-être destiné à faire cesser cette lutte impie, qui a tourné, pour ainsi dire, la puissance et les œuvres de Dieu contre Dieu même ; et nous voyons avec joie reparaître de toutes parts le désir, et l'espérance, et les signes de cette grande réconciliation. Plus que jamais, la Religion honore et recherche la Science, et la Science, de son côté, recherche et honore la Religion. Ces deux filles du Ciel comprennent qu'elles doivent vivre en sœurs, et qu'elles trouveront l'une et l'autre des forces nouvelles et d'admirables avantages dans leur fraternelle union.

Pontife de ce grand diocèse, et ainsi chef de la Religion dans cette ville magnifique, qu'on peut regarder à juste titre comme la capitale des

Sciences et des Arts, par le grand nombre de chaires qui répandent la lumière, par la multitude des savants illustres qui enseignent le monde, nous avons toujours eu à cœur de travailler de toutes nos forces, et selon nos moyens, à cet heureux rapprochement, à cette fusion si désirable; et c'est pourquoi, dès le commencement de notre épiscopat, nous avons encouragé et étendu l'école des hautes études, fondée dans l'ancien couvent des Carmes par notre vénérable prédécesseur; et nous avons voulu que les jeunes lévites, dont la doctrine sacrée est la première étude, poursuivissent aussi les titres glorieux que confèrent les facultés des lettres et des sciences. Chaque année ils ont conquis des grades dans l'une et l'autre de ces deux facultés. Aujourd'hui, s'il plaît à Dieu de continuer à bénir nos projets, cette école va devenir une riche pépinière de professeurs, où nos vénérables collègues dans l'épiscopat, pourront trouver à leur gré des hommes tout à fait capables pour les diverses branches de l'enseignement ecclésiastique. Cette année, nous nous proposons de diriger plusieurs de nos élèves vers les études de Droit. Ils fréquenteront les cours de cette faculté, ils en subiront les épreuves, ils en prendront les grades: ils puiseront ainsi de grands secours, pour la Science sacrée, dans une étude sérieuse de la jurisprudence, qui doit tant elle-même à la théologie et au droit-canon. Quelques élèves qui ont du goût et une aptitude particulière pour l'érudition et les antiquités, suivront les cours de l'École des Chartes, et puiseront dans ce savant enseignement des ressources précieuses qu'ils feront tourner au profit de nos antiquités ecclésiastiques. C'est de cette sorte que l'école des Carmes, fondée par la Religion, deviendra de plus en plus un sanctuaire pour la Science.

Plus tard, nous avons établi, dans les mêmes vues, une Société pour l'encouragement de l'enseignement libre. Cette Société, destinée à fonder des écoles chrétiennes partout où l'administration municipale ne pouvait encore en ouvrir, donne en ce moment l'instruction élémentaire à plus de neuf mille enfants, qui s'éclairent en s'améliorant, et qui apprennent ainsi à devenir tout à la fois de bons chrétiens et de bons citoyens.

En 1852, quand la foi et la sagesse de l'Empereur eurent rendu au culte l'église de Sainte-Geneviève, la patrone si vénérée de Paris, nous avons profité de la munificence du gouvernement pour faire desservir ce magnifique temple par une Communauté de jeunes prêtres, appelés, par le concours, à devenir Chapelains de Sainte-Geneviève, et qui doivent pendant les trois années de leur bénéfice, tout en se formant par l'étude et par l'exercice au ministère si difficile de la prédication, enrichir aussi leur esprit de tous les trésors des sciences et des lettres, que leur fournissent en si grande abondance les institutions scientifiques, et les cours publics qui les entourent. Nous avons même le dessein de perfectionner cet institut par de nouvelles mesures qui stimuleront plus vivement le zèle de la science dans le cœur de ces jeunes prêtres, afin qu'ils évangélisent les peuples avec plus d'autorité et de succès.

Cette alliance de la Religion et de la Science nous parait si désirable, nos très-chers Frères, que nous chercherons par tous les moyens qui sont en notre pouvoir à l'effectuer et à la consolider. A cette fin, nous avons résolu d'instituer une solennité que nous appellerons la Fête des Écoles, et qui sera célébrée chaque année, le dimanche qui précède l'Avent, dans l'église de Sainte-Geneviève, sous le patronage d'un saint illustré par la Science.

Nous convierons à cette solennité tous les chefs de l'instruction publique et privée, toutes les notabilités de la science, des lettres et de l'enseignement, les professeurs, les instituteurs, tous les élèves des écoles supérieures et spéciales, et les élèves les plus distingués des lycées et des institutions. Les Beaux-Arts eux-mêmes, la poésie, pourront nous prêter leur concours et relever l'éclat de cette fête. L'immensité du temple nous permettra de réunir beaucoup de monde, et ce nous sera une grande joie que d'être entouré des représentants de la Science à tous les degrés.

Là, après le saint Sacrifice, que nous offrirons spécialement à l'intention de l'union toujours plus intime de la Religion et de la Science, l'un de nos orateurs sacrés prononcera, devant cette assemblée savante, le panégyrique d'un saint célèbre dans l'Église par sa grande science ; et pour que le même sujet ne revienne point tous les ans, nous désignerons le saint qui sera, pour cette année, le patron de la solennité, et dont l'éloge fournira le sujet du discours. Grâce à Dieu, la liste des saints qui ont illustré l'Église et éclairé le monde par leur science est longue, et il nous faudrait bien des années pour l'épuiser. S. Paul, S. Irénée, S. Clément d'Alexandrie, S. Hilaire, S. Athanase, S. Jean Chrysostôme, S. Basile, S. Grégoire de Nazianze, S. Ambroise, S. Jérôme, S. Augustin, S. Anselme, S. Bonaventure, S. Thomas d'Aquin, nous apparaîtront tour à tour, pour nous apprendre, par les lumières de leurs ouvrages et par les parfums de leurs vertus, que la Foi et la Science, loin d'être contraires, s'éclairent, se fortifient l'une par l'autre, et qu'en s'unissant, elles conduisent infailliblement l'homme à sa fin dernière, c'est-à-dire à la véritable gloire et au vrai bonheur. Cette année, nous choisissons pour patron de notre fête, saint Augustin dont nous prononcerons nous-même l'éloge.

Nous établissons dans le même but un prix de mille francs, qui sera décerné à l'auteur du meilleur travail sur une question relative aux raports de la Science et de la Foi. Cette question sera indiquée par nous un an à l'avance. Nous admettrons à concourir les écrivains laïques, aussi bien que les ecclésiastiques. Nous espérons que la pensée d'une fondation pour ce prix sera inspirée à quelque âme chrétienne, et qu'ainsi sera assurée et rendue plus digne de son objet une institution de laquelle nous nous promettons des fruits excellents. Voici le sujet que nous indiquons pour cette année :

De l'influence du Christianisme sur le droit public européen. Montrer comment s'est modifiée l'idée du pouvoir; comment le droit de la guerre a été entendu; comment les principes chrétiens ont pénétré toutes les institutions sociales, et en particulier les institutions judiciaires.

Les mémoires traitant cette importante question devront être déposés au Secrétariat de l'Archevêché à la fin de Septembre. Le prix sera décerné le jour de la fête des Écoles, après un rapport qui sera lu dans une assemblée d'hommes compétents que nous nous ferons un devoir de réunir à l'Archevêché.

Ecoutez donc notre appel, hommes de la science : nous sommes votre Pasteur, et nous entendons une voix qui s'élève du fond de notre cœur pour vous ! Venez faire hommage de vos lumières au Dieu qui en est la source la plus élevée. La séduction la plus dangereuse pour l'homme qui s'adonne avec ardeur et avec succès aux travaux de l'esprit, c'est d'oublier les relations intimes et nécessaires qui unissent le monde naturel au monde surnaturel; c'est de borner ses méditations aux causes secondes, et de ne s'élever jamais jusqu'au premier principe de qui tout dépend ; c'est de matérialiser la science et de la rendre petite, au lieu de l'agrandir et de la féconder, en la suivant jusqu'au point où elle touche à l'infini. Sachez quelquefois quitter ces objets que vous contemplez et qui vous absorbent peut-être trop. Sans doute, pour les bien connaître, il faut les voir de près et les sonder avec l'application la plus assidue ; mais il y a pourtant à cela un grand péril qu'il faut éviter. Si vos yeux se bornent trop à l'objet particulier qui vous captive, vous parviendrez certainement à le connaître très-bien en lui-même, mais vous courrez risque de ne pas le connaître dans ses rapports avec le monde surnaturel qui l'environne, qui ne lui est pas étranger, mais qui au contraire le complète merveilleusement, et lui assigne dans le grand ensemble des choses humaines ses véritables proportions et sa véritable place.

Que serait un architecte qui s'enfermerait dans un monument, comme dans un tombeau, sans en sortir jamais pour admirer le ciel qui brille au-dessus, et les magnifiques perspectives au milieu desquelles il est placé!

Venez donc dans le temple de Dieu, qui que vous soyez et quel que soit l'objet de vos investigations : vous trouverez dans la Religion et dans ses sublimes enseignements de quoi agrandir votre esprit ; et puis ne faut-il pas aussi que votre cœur s'élève? Il tombe quelquefois et se dessèche dans les calculs et dans les rudes labeurs de la science. Venez le rafraîchir et l'émouvoir par les pensées d'en haut. Donnez cet exemple aux jeunes générations qui vous écoutent et que vous formez. Qu'elles apprennent de vous qu'à côté du monde physique, il y a un monde moral, et par delà tout ce qui est créé, le règne éternel des choses invisibles, ce monde incréé auquel notre esprit, livré à ses propres forces, peut en partie atteindre, sans doute, mais que la Foi nous découvre dans toute sa magnificence, en l'illuminant des plus éclatantes clartés. Venez apprendre ici à n'estimer la science que quand elle marche dans la vie accompagnée de la vertu, et quand elle conduit l'homme de ce monde à Dieu, de la créature au Créateur.

Et vous, ministres de la Religion, que la foi anime, et que le zèle de la maison de Dieu dévore, poursuivez, embrassez la science avec ardeur. Gardez-vous de la mépriser, elle vient de Dieu, et sa volonté est que vous la fassiez servir à ses desseins. Il a attaché deux ailes à l'âme, la Science et la Foi, pour qu'elle s'élève plus facilement au Ciel. Sachez vous servir de ce double secours pour atteindre votre fin et la fin du ministère divin que vous exercez parmi les hommes. Si vous savez parler le langage de la science aux hommes qui se sont voués à son culte, il vous sera bien plus facile de pénétrer dans leur âme et de les ramener à la Foi.

Une des plus grandes consolations de notre cœur, un des signes pour nous les plus manifestes que Dieu a sur notre société des pensées de miséricorde, c'est cette ardeur plus vive pour les études qui se réveille dans le sein du clergé, en même temps qu'une tendance plus favorable semble faire incliner vers la Religion les savants que les impressions du siècle dernier en avaient éloignés. Ah! ministres de la Religion, c'est à nous qu'il appartient de favoriser ce mouvement des esprits, que la main de Dieu leur imprime. Pour cela, mêlons-nous y de plus en plus. Versons sur la science cet arôme de la Religion dont Dieu nous a faits les dépositaires, et qui doit l'empêcher de se corrompre. Appliquons-nous à démontrer que les formules de la Science n'ont rien de contraires aux formules de la foi ; et que si leur domaine est différent, leur point de départ est le même, ainsi que leur fin. Aimez donc la science, aimez-la pour elle-même, parce qu'elle est belle, parce qu'elle vient de Dieu, parce que, sans elle, il y a des pages du livre de la création que vous ne pouvez plus lire; mais aimez-la surtout pour le secours qu'elle apportera à votre ministère ; aimez-la parce qu'elle sera dans vos mains un levier puissant pour remuer les âmes ; aimez-la, rien qu'en comprenant combien elle vous sera utile pour procurer ici-bas la gloire de Dieu et le salut de vos frères.

En conséquence, nous avons ordonné et ordonnons ce qui suit :

Article Ier. Chaque année, le dimanche qui précède l'Avent, nous célébrerons, dans l'Église de Sainte-Geneviève, la fête des Écoles.

Cette année, exceptionnellement et par suite de circonstances particulières, la fête des Écoles aura lieu le **27 Novembre**, premier dimanche de l'Avent.

Article II. Une Messe basse, accompagnée de chants, sera dite à midi précis, elle sera suivie du Panégyrique du saint Docteur, que nous aurons désigné pour Patron de la fête. La cérémonie se terminera par le chant du *Te Deum* et la Bénédiction du Saint-Sacrement, etc.

Donné à Paris, sous notre seing, le sceau de nos armes, et le contre-seing du Secrétaire de notre Archevêché, le 16 novembre 1853.

MARIE-DOMINIQUE-AUGUSTE,
Archevêque de Paris.

Par mandement de Mgr l'Archevêque,

Coquand, *Chan. Secrét. Gén.*

DISCOURS

SUR SAINT AUGUSTIN.

L'Inauguration de la Fête des Ecoles a eu lieu le dimanche 27 novembre 1853. A 11 heures et demie, l'immense église de Sainte-Geneviève était remplie d'un auditoire d'élite. Dans l'enceinte réservée qui comprenait toute la place correspondant à la coupole, se trouvaient, en grand nombre, les membres du Conseil supérieur de l'Instruction publique, du Conseil d'Etat, du Conseil municipal, de l'Institut, les chefs des Ecoles supérieures et spéciales, les doyens et professeurs des Facultés et du Collége de France, les proviseurs et professeurs des Lycées, les chefs d'institution, une députation des Instituteurs primaires; tout le reste de l'église était occupé par la foule des étudiants. Dans le chœur se trouvaient les Ecoles ecclésiastiques, une députation du grand et des petits Séminaires, de l'Ecole des Carmes, et beaucoup d'ecclésiastiques. A midi précis Mgr est arrivé et a pris place sur son trône, entouré de ses grands vicaires. En face de lui étaient NN. SS. l'archevêque de Babylone et l'ancien évêque d'Alger, et plus loin les membres du chapitre Métropolitain, du chapitre de Saint-Denis et les chapelains de S. M. l'Empereur. S. E. le ministre de l'Instruction publique et des Cultes occupait un fauteuil à l'entrée du chœur. Après la messe, qui a été dite à midi par M. l'archidiacre de Sainte-Geneviève et pendant laquelle des chants remarquables ont été exécutés, Mgr est monté en chaire et a prononcé, devant ce magnifique auditoire, le discours suivant:

DISCOURS

SUR

SAINT AUGUSTIN,

PRONONCÉ

A L'INAUGURATION DE LA FÊTE DES ÉCOLES,

LE DIMANCHE 27 NOVEMBRE 1853.

> Thesaurizabit super illum scientiam et intellectum justitiæ.
>
> Le Seigneur enrichira son âme de tous les trésors de la Science et lui donnera l'intelligence de la justice. Au liv. de l'Ecclesi., ch. 4

Messieurs,

Quel magnifique, et pour moi pasteur des âmes, quel consolant spectacle! Je vois autour de cette chaire ce que la Science compte de plus éminent, dans la ville qui est la reine de la civilisation. Vous avez entendu l'appel de mon zèle, et vous vous êtes rendus avec empressement dans cet auguste sanctuaire pour y sceller l'alliance de la Science et de la Religion. Assez long-temps a duré le funeste malentendu qui les avait séparées. Le grand siècle de notre patrie les avait unies, et c'est de leur heureux et fécond mélange que sortit cette foule d'esprits supérieurs qui sont restés la gloire de la raison humaine aussi bien que du christianisme. Descartes, Pascal, Malebranche, Bossuet, Fénélon, Bourdaloue, Daguesseau, Corneille, Boileau, Racine, ne présentent-ils pas ce que la philosophie a de plus sublime, ce que les Sciences ont de plus exact et de plus profond, ce que la morale a de plus pur, ce que l'éloquence a de plus émouvant, ce que les lettres ont de plus élevé et de plus parfait, toujours uni aux lumières et aux soumissions de la Foi ?

Le dix-huitième siècle opéra le lamentable divorce qui cesse aujourd'hui. Il voulut séparer ce que Dieu avait uni; il arma toutes les Sciences contre le Ciel : entreprise insensée, qui eut son expression dans ce monument encyclopédique, lequel, par l'orgueil et l'impuissance, rappela l'antique Babel. Il fallut que Dieu allumât ses foudres, qu'il confondît une seconde fois le langage humain, qu'il livrât à l'anarchie et aux plus sanglantes divisions notre nation, égarée par ces superbes ennemis de Dieu; et quand le siècle finissait, on la vit, cette nation si polie et si savante, tomber ignominieusement avec lui, et s'enfoncer dans les abîmes les plus ténébreux.

Mais Dieu ne punit les peuples comme les individus que pour les guérir : les grandes leçons de la Providence ne sont jamais perdues; et si notre siècle marche dans une autre voie que le précédent, s'il a reçu, quoi qu'on en dise, une direction meilleure, s'il porte dans son âme, même avant de croire, ces aspirations religieuses qui doivent le mener à la Foi, ce sont ses malheurs qui ont produit sa sagesse, et le bien lui est venu de l'excès du mal.

Que nos actions de grâces montent d'abord vers Dieu, Messieurs : c'est lui, c'est sa main paternelle qui a préparé de loin l'alliance que ce jour va rendre plus étroite et plus éclatante. Soyez bénis aussi, vous qui, des quatre coins du monde scientifique, êtes venus aux pieds des saints autels porter à Dieu l'hommage de votre esprit et de votre cœur. Pour nous, nos vœux seront remplis si la Fête des Écoles reste comme un monument de cette grande et salutaire réconciliation ; si, pour le bonheur commun de l'Église et de la Patrie, elle revient chaque année, en la constatant d'une manière de plus en plus solennelle, la consacrer ainsi de nouveau et la confirmer.

C'est pour entrer dans ce dessein, Messieurs, que voulant aujourd'hui vous montrer le chef-d'œuvre de cette union de la Science et de la Foi dans un des plus grands hommes de l'antiquité chrétienne, j'ai résolu de vous parler d'Augustin, fils de Monique, l'illustre docteur d'Hippone. Je ne viens pas faire son panégyrique ni présenter à vos yeux une appréciation détaillée et complète de ses vertus et de ses éminents travaux. Je veux seulement que vous jetiez un simple coup-d'œil sur son génie et sur son cœur : après quoi, je vous indiquerai le plus rapidement possible, comment, dans ses écrits, sous l'inspiration d'un génie si grand et d'un si noble cœur, il a consacré cette alliance de la Science et de la Religion, dont nous célébrons aujourd'hui la Fête. Vous verrez en même temps que l'oracle sacré, que nous avons rappelé au commencement de ce discours, recevant en lui sa parfaite réalisation, nul ne mérita mieux que le savant et saint évêque d'Hippone, cet éloge souverain : Le Seigneur a enrichi son âme de tous les trésors de la Science et de la Grâce.

Implorons l'assistance de l'Esprit divin par l'intercession de Marie. *Ave, Maria.*

PREMIÈRE PARTIE.

Coup-d'œil sur le génie et le cœur d'Augustin.

Messieurs,

J'ai donc à vous faire connaître d'abord le génie et le cœur du grand homme et du saint illustre sous les auspices duquel nous inaugurons la Fête des Écoles.

I.

Voulez-vous connaître le génie d'Augustin ? Lisez ses œuvres de philosophie, les trois livres contre les Académiciens, le livre de la Vie heureuse, les deux livres de l'Ordre, les Soliloques, ou entretiens avec la raison humaine, le livre des Propriétés de l'âme, les trois livres du Libre arbitre, les six livres de la Musique, et le livre du Maître; dialogues pleins de sublimité et de charmes, qui lui ont fait donner, à si juste titre, le surnom de Platon chrétien; mais dans lesquels le disciple du Verbe évangélique, en rappelant la manière antique du philosophe grec, le laisse cependant bien loin derrière lui, lorsque, avec le vol de l'aigle, il parcourt toute la sphère des Sciences divines et humaines, et à l'aide du flambeau de la Foi, non-seulement illumine les profonds mystères de la nature spirituelle, mais éclaire encore, comme en se jouant, les plus intéressantes questions d'art et de discipline (1).

II.

Voulez-vous connaître le génie d'Augustin? Lisez, si vous le pouvez, ses œuvres presque sans nombre, de religion, de controverse, d'exégèse, où se déploie cette vaste compréhension des dogmes divins, par laquelle il l'emporte, comme l'ont affirmé plusieurs graves auteurs, sur tous les écrivains ecclésiastiques, soit ceux qui l'ont précédé, soit ceux qui l'ont suivi, si l'on en excepte les Prophètes et les Apôtres. La foi semble lui donner des ailes pour s'élever jusqu'au sanctuaire éternel. Là, il s'enflamme à la contemplation de la vérité; puis, de ces hauteurs, il descend sur la terre, et se met à la poursuite de l'erreur. Il la poursuit partout, avec une ardeur inouïe, quelque forme qu'elle revête, ne lui laissant aucun retranchement par la force de sa

(1) Si l'on veut voir d'un coup-d'œil l'étendue de ce génie, on peut lire entr'autre le traité *de Trinitate* et celui *de Catechizandis rudibus*, c'est-à-dire tout ce qu'il y a de plus élevé en métaphysique, et de plus humble dans la didactique. Pour trouver quelque chose de semblable à la merveilleuse facilité avec laquelle saint Augustin parcourt ainsi, de l'une à l'autre extrémité, l'échelle de l'intelligence, il faut arriver aux deux plus grands philosophes des temps modernes, à ces deux incomparables écrivains, Bossuet et Fénelon.

dialectique, aucun subterfuge par la subtilité de son esprit. L'infatigable athlète dans les combats du Seigneur attaque ainsi sans relâche les philosophes, les païens, les manichéens, les priscillianistes, les origénistes, les ariens, les abéloniens, les tertullianistes, les circoncellions, les donatistes, les pélagiens; et, après avoir terrassé toutes ces fières incrédulités, foudroyé toutes ces hérésies astucieuses, multipliées sans fin par l'esprit de mensonge, il ne se repose de ses victoires qu'en forgeant pour les arsenaux de l'Eglise, si l'on me permet cette façon de parler, les armes qui doivent la faire triompher encore de toutes les incrédulités et de toutes les hérésies des âges futurs.

III.

Voulez-vous connaître le génie d'Augustin? Lisez le plus savant et le plus profond de ses ouvrages, fruit de douze années de travaux, et résumé de toute sa science philosophique, historique et biblique. Au moment où le christianisme est accusé par la philosophie unie à la superstition, de provoquer tous les malheurs de l'empire, Augustin, qui suit avec anxiété la lutte engagée, dès les anciens jours, entre la cité du monde et la cité de Dieu, médite de donner à celle-ci une victoire décisive. Le paganisme, s'appuyant sur les folles et impures divinités de la fable, c'est-à-dire sur toutes les mauvaises passions du cœur humain, combat pour la cité du monde, ou plutôt pour lui-même : car il constitue à lui seul la vieille société d'alors; c'est du paganisme que cette société dépravée tient son organisation, ses lois et ses usages. Augustin, pour discréditer l'œuvre de Satan, pour la flétrir sans retour, pour la démolir de fond en comble, remonte, au moyen de son immense érudition, à l'origine des dieux. Jamais l'idolâtrie n'eut plus impartial ni plus redoutable historien. L'enfer, par lui, est mis à nu sous nos yeux. Alors il nous montre, jaillissant du fond de ses abîmes, toutes les corruptions, et, à leur suite, toutes les calamités. Et c'est là aussi, dans ces sombres profondeurs de l'empire du mal, qu'il nous découvre les fondements mêmes de la cité du monde. Elle a dans l'enfer ses commencements, ses progrès et sa fin : Satan en est le monarque. Ensuite, pour mettre un tableau céleste à côté de cet horrible tableau, il fait l'histoire de la cité dont Dieu lui-même est le fondateur et l'architecte. Après avoir raconté ses origines, et exposé l'esprit de ses lois, et suivi ses développements à travers les siècles, et célébré ses combats et ses victoires, il nous fait assister à son dernier triomphe, lorsque, sur les ruines de tout ce qui passe, à l'abri désormais de toute vicissitude, elle chantera les ineffables douceurs de la paix et du repos dans le fortuné séjour où nous n'aurons plus pour roi que la vérité, pour loi que la charité, pour durée que l'éternité. Et dans cette immense et rapide carrière que parcourt l'historien de la cité de Dieu, rien n'est omis de ce que peut offrir de plus intéressant l'érudition sacrée et profane. Tout est là pour la défense du christianisme : science de la philosophie, recherche de la vérité, réfutation de l'erreur, connaissance de l'histoire, source des opinions, principe de gouvernement, fondement de la prospérité des empires, causes de leur décadence et de leur ruine, explication des dogmes de la foi, maximes de morale, esprit et raison, éloquence, piété.

IV.

Après cela, demandez-vous à vous-mêmes comment, avec une santé naturellement faible et habituellement souffrante, le même homme a pu suffire à tant de travaux, produire des œuvres dont la pensée seule effraierait la plus féconde et la plus ferme intelligence : exposition de la foi, réfutation des hérésies, interprétation des livres saints, institution des lois canoniques, réforme de monastères, fondation de communautés nouvelles, direction générale d'un nombreux clergé, direction spirituelle d'une foule d'âmes d'élite, et prédication presque de chaque jour à son peuple toujours avide de l'entendre. Demandez-vous encore à vous-mêmes, comment il pouvait entretenir à la fois un commerce de lettres, si suivi et si varié, dans toutes les parties du monde, avec les personnages les plus célèbres du temps, tels que les Pinien et les Mélanie de Rome, les Dioscore de Constantinople, les Jérôme de Palestine, les Ambroise de Milan, les Paulin de Nole, les Orose d'Espagne, les Lazare d'Arles, les Rustique de Narbonne, les Germain d'Auxerre, les Hilaire de Poitiers, et avec les Souverains Pontifes, et avec les empereurs d'Orient et d'Occident, et avec tous les grands hommes mêmes du paganisme : lettres étonnantes de profondeur ou ravissantes de délicatesse, dont deux cent soixante et dix seulement nous sont parvenues, et nous offrent, pour la plupart, des traités complets et lumineux sur les plus intéressants sujets de religion et de philosophie. Demandez-vous à vous-mêmes enfin comment, au milieu de tant de travaux et de sollicitude, ses écrits se sont élevés, selon le rapport de Possidius, son disciple, au nombre prodigieux de onze cent trente, sans parler de ceux dont le saint docteur, ajoute l'historien de sa vie, n'a fait lui-même aucune mention, à cause de leur moindre importance. Résolvez ces problèmes, ou plutôt bornez-vous, si vous le voulez, à réunir sous le regard de votre juste admiration ces travaux sans nombre, et vous aurez une idée du génie d'Augustin : génie d'Augustin grand comme la vérité, que rien n'égale, si ce n'est son cœur vaste comme l'amour !

V.

Mais que disons-nous, Messieurs? Sa charité surpasse de beaucoup sa science, et celle-ci n'est aux yeux du saint docteur que la servante de celle-là (1). Il use de la science, suivant son expression ingénieuse, comme d'une machine pour élever l'édifice de la charité (2). Ce n'est pas pour se rendre savant qu'il étudie, mais pour devenir meilleur, afin que, le cœur s'épurant à mesure que l'esprit s'agrandit, il puisse remplir avec plus de perfection le double commandement de l'amour (3). Et c'est dans cette profonde conviction de la supériorité de l'amour sur la science qu'il écrit à saint Paulin ces belles paroles où son cœur se dévoile tout entier : Vivons ici-bas comme en apprentissage de cette vie immortelle du Ciel, où toute notre occupation sera d'aimer (4).

VI.

Mais dans quelle page de ses admirables écrits, dans quel trait de sa longue vie pénitente le

---

(1) Huic (caritati) subservit scientia, cùm est utilis. Epist. ad Hieron. 168, n. 11.

(2) Sic itaque adhibeatur scientia tanquam machina quædam, per quam structura charitatis assurgat, quæ maneat in æternum, etiam cùm scientia destruetur. Epist. ad Januar. 55, n. 39.

(3) Epist. ad Hieron., ad Dioscor., et alibi multoties.

(4) Ita nos vivere oportere censemus in hac vita mortali, ut vitæ immortali coaptemur. Epist. ad Paulin. 95, n. 2.

cœur d'Augustin ne se montre-t-il pas? Il se montre avec tous les priviléges de la nature et de la grâce dans ce livre, jamais assez lu, de ses Confessions, où il fait le récit de ses plus grands désordres avec une expression si chaste et si pure, que le repentir y revêt tous les attraits de l'innocence, où il laisse échapper tant de désolation et tant de larmes, que l'image même du vice y assure toujours le triomphe de la vertu : histoire d'homme, mêlée de chants angéliques, dont l'âme la plus douce qui fût jamais, compose au milieu de l'amertume des pleurs, le plus édifiant de tous les hymnes en l'honneur de la suprême miséricorde. Mais il paraît surtout ce cœur aimant d'Augustin, lorsque, sa douleur le lui permettant, il se repose sur le cœur même de Dieu, et se livre à la contemplation de ses adorables perfections. C'est alors qu'il trouve ces expressions pleines de suavité et de tendresse, dont chacune semble épuiser le sentiment, en lui prêtant une énergie nouvelle. Eh! qui n'a pas été touché de ses gémissements sur l'exil de cette vie, de ses élans vers la patrie céleste, de ses saintes effusions, et de ses pleurs d'amour, et de ses douces extases?

VII.

Le cœur d'Augustin paraît dans l'ardeur de ses amitiés humaines et chrétiennes. Avant sa conversion, la mort lui enlève-t-elle un compagnon de ses études et de ses plaisirs : Je ne trouvai, dit-il, de la consolation que dans mes larmes, qui, ayant succédé à mon ami, étaient devenues les seules délices de ma vie (1). Plus tard, la vivacité de ce sentiment, quoique épuré par la foi, va jusqu'à lui faire exprimer la crainte, si touchante et si naïve, d'aimer ses amis peut-être, à son insu, plus que Dieu lui-même. Il place au nombre des grands malheurs qui peuvent l'atteindre ici-bas, la perte de ses amis; il souffre impatiemment leur absence, bien qu'il s'efforce, dit-il, de ne rien aimer plus que celui qui ne peut lui être ravi contre sa volonté (2). Et lorsque sa mère, son admirable et sainte mère, vient à mourir, il raconte sa douleur en des termes que lui seul a pu trouver : Oh! que mon âme était blessée! s'écrie-t-il, je sentais se déchirer cette vie composée de la sienne et de la mienne qui ne faisaient qu'une seule vie (3).

VIII.

Le cœur d'Augustin paraît dans son dévouement pour les âmes : il éclate d'une manière su-

(1) Solus fletus erat dulcis mihi et successerat amico meo in deliciis animi mei. Confession. lib. IV, cap. 4.
(2) Invigilo tamen, quantum queo, et enitor, ut nihil amem quod abesse a me invito potest. Epist. ad Zenob., 2, et alib passim.
(3) Sauciabatur anima mea, et quasi dilaniabatur vita, quæ una facta erat ex mea et illius. Confession. lib. IX, cap. 19.

blime dans ce cri d'amour pour celles dont il est le pasteur : Je ne veux pas être sauvé sans vous ! Non, ô mon Dieu ! je ne veux pas être sauvé sans mon peuple ! Puissé-je, occupant une des dernières places dans le ciel, m'y voir environné de tous mes enfants ! Eh, que désiré-je ? Pourquoi parlé-je ? Pourquoi suis-je Évêque ? Pourquoi suis-je au monde, sinon pour vivre en Jésus-Christ, mais pour y vivre avec vous ? C'est là ma passion, mon honneur, ma gloire, ma joie, mon trésor (1) !

IX.

Le cœur d'Augustin paraît dans cet amour de l'unité et de la concorde qui met sans cesse dans la bouche du saint pontife cette supplication aux Donatistes : Accordons-nous, mes frères, accordons-nous, mes frères bien aimés, et soyons en paix. Nous vous aimons, et nous ne vous souhaitons que ce que nous nous souhaitons à nous-mêmes (2). Et c'est cet amour de la paix qui lui inspire cette sublime résolution, qu'il fait partager à trois cents évêques orthodoxes, de céder leurs sièges à trois cents Évêques schismatiques, s'ils

(1) Quid autem volo ? quid desidero ? quid cupio ? quare loquor ? quare hic sedeo ? quare vivo nisi hac intentione, ut cum Christo simul vivamus ? Cupiditas mea ista est, honor meus iste est, gloria mea ista est, gaudium meum hoc est, possessio mea ista est .. NOLO SALVUS ESSE SINE VOBIS. Serm. 17, n. 2.

(2) Epist. ad Donatist.

consentent à l'unité. Il nous suffit, s'écrie Augustin, et, après lui, tous les Évêques de la conférence de Carthage, il nous suffit pour notre salut d'être chrétiens : c'est pour le peuple qu'on nous ordonne Évêques : s'il est utile aux fidèles que nous renoncions à notre dignité, nous y consentons de tout notre cœur (1).

X.

Le cœur de cet homme prodigieux paraît enfin dans l'exercice de toutes les vertus chrétiennes et sacerdotales, qui excitent l'admiration de l'Église tout entière, le font vénérer, même pendant sa vie, dans l'Orient comme dans l'Occident, jusque dans la cour des empereurs, et en font surtout les délices du clergé, de son peuple et de ses amis. Qui dira les merveilles de sa vie épiscopale, les innombrables prodiges de son zèle, de sa douceur, de sa sagesse, de sa modération, de sa charité, de sa mansuétude, de son humilité, de sa modestie, de sa pauvreté ? Il mourut, dit Possidius, son disciple, sans faire de testament, parce que, pauvre de Jésus-Christ, il n'avait rien dont il pût disposer : *Testamentum nullum fecit; quia unde faceret Christi pauper non habuit* (2).

XI.

Serez-vous surpris maintenant, Messieurs, de

---

(1) Epist. 128, n. 3.
(2) Vit. S. August.

ce concert de louanges que lui donnent les grands hommes ses contemporains, et les grands hommes venus depuis, et les Docteurs, et les Pères, et les Conciles, et les Papes, et l'Église universelle? Écoutez : c'est un astre radieux qui remplit le monde entier des clartés les plus vives ; c'est un fleuve d'éloquence qui porte les flots de la doctrine la plus pure par toute la terre ; c'est l'oracle que Dieu fait retentir pour notre instruction et notre édification, du haut de toutes les chaires catholiques. Les plus célèbres Docteurs se font gloire de marcher sur ses traces ; les Pères qui l'ont suivi se bornent le plus souvent à reproduire ses principes ; les Conciles empruntent ses paroles pour exprimer leurs décisions ; les Papes rendent successivement à sa doctrine les plus éclatants témoignages ; et l'Église universelle le proclame le Docteur de la Grâce, et lui confirme, dans le langage de l'admiration, le surnom de Divin : *Divus Augustinus!*

Voilà Augustin ! le voilà avec son génie et son cœur, se couronnant chaque jour d'une nouvelle auréole de gloire, à mesure qu'il traverse les siècles. Tel est, Messieurs, celui que nous avons donné pour premier patron à cette solennité de nos Écoles. Vous allez le voir maintenant, sous la double inspiration de la raison et de la Foi, consacrant dans ses écrits l'union de la Religion et de la Science.

SECONDE PARTIE.

Alliance de la Religion et de la Science dans les écrits de saint Augustin

L'alliance, dont nous avons voulu célébrer aujourd'hui la fête, entre la Religion et la Science, ces deux reines de l'esprit humain, suppose deux domaines sur lesquels elles exercent leur empire, deux ordres de choses et d'attributions : l'ordre naturel et l'ordre surnaturel, ce qui ressort de la raison et ce qui appartient à la foi. Augustin assigne les limites respectives des deux empires.

I.

Ceux qui nient l'ordre naturel, Messieurs, sont aussi coupables que ceux qui nient l'ordre surnaturel : les uns détruisent l'édifice par le sommet, les autres le sapent par la base ; ceux-ci couronnent l'arbre pour ne laisser qu'un tronc stérile, ceux-là en arrachent les racines pour leur faire porter, disent-ils, plus de fruits !

Ennemi de toutes ces folles exagérations, l'évêque d'Hippone défend les droits de la nature avec non moins d'énergie que ceux de la grâce (1). Il reconnaît que les païens, avec les

(1) L'Eglise a condamné dans Baïus, Jansénius et Quesnel la

forces bien qu'affaiblies de la nature, ont développé parfois de magnifiques caractères, donné le spectacle de grandes vertus morales (1), et montré des qualités supérieures, surtout dans la législation et pour le gouvernement des peuples (2). Il enseigne, après saint Paul, que leurs

doctrine opposée à celle de saint Augustin que nous résumons dans ce paragraphe.

Naturæ jus est, quod opinio non genuit, sed quædam innata vis inseruit, ut religionem, pietatem, gratiam, vindicationem, observantiam, veritatem. Lib. de Diversis quæst. LXXXIII. Quæst. XX.

V. Lib. de Gratiâ Christi, cap. 24. n. 25. — Epist. 144, alias 130. n. 2. — Lib. 4, contra Julianum, cap. 3. n. 16. — Lib. de Patient, cap. 26. n. 37. — Lib. de Spiritu et litterâ, cap. 27. n. 48, et init. capitis 28. — Lib. de Civitat. Dei. passim. — Et alias sæpe sæpius.

(1) Merito certe laudant virtutem (Reguli) tam magna infelicitate majorem. De Civitat. Dei, lib. I, c. xv. n. 1. Servavit et sub Carthaginensium dominatione patientiam, et in Romanorum dilectione constantiam... Cum causa promissi jurisque jurandi ad eosdem hostes, quos gravius in senatu verbis quam in bello armis offenderat, sine dubitatione remeavit...... Inter omnes suos laudabiles et virtutum insignibus illustres viros non proferunt meliorem; quem neque felicitas corruperit, nam in tanta victoria mansit pauperrimus; nec infelicitas fregerit, nam ad tanta exitia revertit intrepidus. Ibid., lib. I, c. XXIV. — V. Ibid., lib. v, caput XII, cui titulus: Quibus moribus antiqui Romani meruerint ut Deus verus, quamvis eum non colerent, eorum augeret imperium. — Item, cap. xv, De mercede temporali, quam Deus reddidit bonis moribus Romanorum.

(2) Has artes (regnandi atque imperandi et subigendi ac debellandi populos) illi antiqui Romani tanto peritius exercebant,

philosophes, avant le bienfait de la révélation chrétienne, ont pu s'élever, quoique avec beaucoup de labeur et d'incertitude, à la connaissance, non-seulement du vrai Dieu et de ses éternels attributs, mais encore de quelques-uns des devoirs de l'homme envers la Divinité (1). Et quant à leurs écrits, notamment ceux des platoniciens, où, parmi une foule d'erreurs et de superstitions, se trouvent néanmoins des vérités précieuses, il recommande expressément de ne pas les négliger, mais de les revendiquer, de leur enlever ces trésors, comme à des possesseurs injustes qui les font servir à l'empire de l'erreur, afin de les convertir à notre usage, ou plutôt pour en parer la Religion de Jésus-Christ dans ses triomphes : à l'exemple, dit-il, des Cyprien, des Lactance, des Victorin, des Optat et des Hilaire, qui se sont enrichis de cette façon-là des dépouil-

---

quanto minus se voluptatibus dabant, et enervationi animi et corporis in concupiscendis et augendis divitiis, et per illas moribus corrumpendis, rapiendo miseris civibus, largiendo scenicis turpibus. De Civit. Dei, lib. v. c. xii. n. 3.

(1) At vero quidam philosophi hujus mundi extiterunt, et exquisierunt Creatorem per creaturam : quia potuit inveniri per creaturam, evidenter dicente apostolo, « invisibilia enim ejus a constitutione mundi, per ea quæ facta sunt intellecta conspiciuntur, sempiterna quoque virtus ejus et Divinitas, ut sint inexcusabiles ». Et sequitur : « Quia cum cognovissent Deum. » Non dixit, quia non cognoverunt Deum : « Sed quia cum cognovissent Deum, non sicut Deum glorificaverunt. » In Joan. Evangel. c. i. Tract. 2. n. 4.

Voir la première note de l'Appendice, à la fin du discours.

les de la philosophie, et en ont fait dans leurs écrits comme des trophées au christianisme (1).

Augustin, vous le voyez, n'a pas voulu détruire la nature au profit de la grâce. Il ne songe pas davantage à détruire la Raison au profit de la Foi.

II.

La Raison, Messieurs, est comme l'instrument avec lequel l'homme saisit la vérité, soit dans l'ordre de la nature, à la splendeur des principes éternels, rayons, pour ainsi dire, de la raison divine (2) ; soit dans l'ordre du salut, à la lumière des principes de la Foi et par le secours de la Grâce de Jésus-Christ. Cette raison, abandonnée à elle-même, est impuissante sans doute à remettre l'homme sur la voie de ses destinées célestes : le monde a eu, pour acquérir cette conviction, quatre mille ans d'expérience. Mais

---

(1) Philosophi autem qui vocantur, si qua forte vera et fidei nostræ accommodata dixerunt, maxime Platonici, non solum formidanda non sunt, sed ab eis etiam tanquam injustis possessoribus in usum nostrum vindicanda... Nonne aspicimus quanto auro et veste suffarcinatus exierit de Ægypto Cyprianus doctor suavissimus et martyr beatissimus? Quanto Lactantius? Quanto Victorinus, Optatus, Hilarius, ut de vivis taceam? De Doctrin. christian. lib. II. XL.

(2) Credibilius est enim propterea respondere de quibusdam disciplinis, etiam imperitos earum, quando bene interrogantur, quia præsens est eis, quantum id capere possunt, lumen rationis æternæ, ubi hæc immutabilia vera conspiciunt. Retract. lib. I. cap. IV. n. 4.

pourtant c'est la raison qui le conduit à la connaissance, au moins spéculative du médiateur, des preuves de sa mission divine, par conséquent du fondement même de la Foi (1); et sans la Raison, Messieurs, la Foi est impossible.

Consentius, que l'on croit avoir été un pieux laïque, auteur de quelques ouvrages assez remarquables par le style, écrivait, dans la ferveur de sa foi de néophyte, à l'évêque d'Hippone qu'il valait mieux suivre l'autorité des Saints que de s'attacher à demander raison des choses de Dieu. Corrigez votre principe, lui répond Augustin, non jusqu'à rejeter la voie de la Foi, mais au au moins jusqu'à reconnaître que ce que la Foi nous fait croire peut être considéré, examiné à la lumière de la raison, et compris par elle non-seulement dans ses preuves et ses motifs, mais encore dans ses convenances soit avec les perfections de Dieu, soit avec les besoins de notre nature. Car Dieu nous garde de penser qu'il baisse en nous cette prérogative par laquelle il nous a élevés au-dessus des autres animaux! A Dieu ne plaise que la soumission où nous sommes sur tout ce qui fait partie de la Foi, nous empêche de demander la raison de ce que nous

---

(1) C'est alors, après ce *préambule*, comme dit la théologie, que la foi lui découvre et la grâce lui fait aimer les choses de l'ordre surnaturel, où la raison ne peut atteindre d'elle-même : quod humana ratio non invenit fides capit, et ubi humana ratio deficit, fides proficit. Serm. CXC, in Natali VII, n° 2.

croyons, puisque nous ne pourrions pas même croire, si nous n'étions capables de raison ! C'est pour cela que l'apôtre saint Pierre désire que nous soyons toujours prêts à rendre raison de notre foi et de notre espérance (1).

Enfin, Augustin ne veut pas que, dans l'étude de la vérité, on néglige l'une ou l'autre de ces deux grandes maîtresses de la vie humaine, l'autorité et la raison : *Ad discendum auctoritate et ratione ducimur* (2) ; et si, dans les choses du salut, l'autorité doit avoir le pas, il revendique pour la raison, à son tour, une gloire qui lui est propre : c'est celle d'être l'inventrice des beaux-arts et des sciences, *omnium disciplinarum excogitatrix* (3).

III.

Les beaux-arts et les sciences, Messieurs, étaient, après Dieu et la vertu, la noble passion d'Augustin. Il en exalte sans cesse la beauté et

---

(1) Corrige definitionem tuam, non ut fidem respuas, sed ut ea quæ fidei firmitate jam tenes, etiam rationis luce conspicias; absit namque ut hoc in nobis Deus oderit, in quo nos reliquis animantibus excellentiores creavit. Absit, inquam, ut ideo credamus, ne rationem accipiamus sive quæramus; CUM ETIAM CREDERE NON POSSEMUS, NISI RATIONALES ANIMAS HABEREMUS... Propterea monet apostolus Petrus, paratos nos esse debere ad responsionem omni poscenti de fide et spe nostra. Epist. cxx. n. 2, 3, 4.

(2) De Ordine, lib. II. cap. ix.

(3) De Ordine, lib. II. cap. xii.

les charmes (1). Leur utilité, d'ailleurs, est incontestable, à un double point de vue, lorsqu'on ne les sépare pas de l'amour du souverain bien. Ils servent en effet, non-seulement à la connaissance des œuvres de la création et à l'embellissement de la vie, mais encore, par la contemplation raisonnée des merveilles de la nature, ils élèvent l'esprit, dit-il, aux choses divines et à l'intelligence de la vérité religieuse : *disciplinæ liberales efferunt intellectum ad divina* (2).

Aussi déclare-t-il, dans les quatre livres de la Doctrine chrétienne (3), que l'étude de la science sacrée ne doit pas être séparée de l'étude de la science profane. Il veut que la Religion s'éclaire et s'embellisse de toutes les connaissances humaines ; que la science des choses d'ici-bas, à

---

(1) L'amour de la science emporte même le saint docteur dans une exagération qu'il s'est ensuite reprochée, au livre de ses Rétractations. Il y regrette « d'avoir tant attribué de vertu aux sciences et aux arts, que beaucoup de saints ignorent tout-à-fait et dont bien des gens ont la connaissance sans être saints. » (Retract. lib. 1. c. 3. n. 2.) Mais nous ferons remarquer qu'il regrette, non de les avoir aimées, louées, cultivées, mais de leur avoir attribué trop de vertu pour nous faire parvenir à la vie heureuse ; car, parlant de ceux qui ont la connaissance approfondie des beaux-arts : « Alors, mon cher Licentius, avait-il dit, ils possèdent plus délicieusement ce qu'on appelle la vie heureuse. » Dieu a dû mettre, en effet, la vie heureuse à la portée de tous, de l'ignorant comme du savant, et on n'y arrive que par la grâce de Jésus-Christ.

(2) De Ordine, lib. II. cap. XVI.
(3) De Doctrina christiana, libri quatuor ; passim.

son tour, docile aux enseignements de la Religion, s'élève à la contemplation des choses célestes ; que ces deux immortelles Sœurs (1) marchent s'appuyant l'une sur l'autre, celle-ci racontant les merveilles de la nature, celle-là chantant les merveilles du Ciel, ce sanctuaire des choses éternelles, où elle s'offre elle-même à nous mener, où elle peut seule nous introduire.

Vous trouverez dans la Cité de Dieu un remarquable chapitre, où Augustin se montre plein d'admiration pour les beautés de la nature et les progrès de l'industrie humaine. Mais c'est surtout dans les livres de l'Ordre, ravissants dialogues entre le maître et les disciples, qu'il faut voir la haute estime qu'il faisait de la Science, quand elle demeure soumise à la Foi pour tout ce qui regarde la doctrine révélée et la règle des mœurs. Nous ne pouvons pas tout citer, Mes-

---

(1) Elles sont sœurs, toutes les deux reines de l'esprit humain, avons-nous dit, ce qui ne détruit pas la supériorité de l'une sur l'autre, conformément à la thèse de S. Thomas, que nous reproduisons à la fin de ce discours, dans l'appendice des notes.

Nous jugeons à propos, afin de compléter la partie doctrinale de ce travail et pour la plus grande utilité de ceux auxquels notre discours s'adresse, de reproduire dans cet appendice les réponses du grand docteur surnommé l'ange de l'école, aux questions suivantes :

Est-il nécessaire d'admettre, indépendamment des sciences philosophiques, une autre science ?

La doctrine sacrée est-elle véritablement une science ?

La science sacrée est-elle plus noble que les autres sciences ?

sieurs, le temps nous oblige à être rapide ; lisez vous-mêmes ces pages antiques, mais toujours nouvelles, parce qu'elles sont pleines des charmes immortels de la vérité.

Dans un de ces entretiens à la manière de Socrate, le fils de Monique, retiré à Cassiacum, près de Milan, venait de raconter à quelques disciples qui l'y avaient suivi, les origines de la parole, des lettres, des nombres, de la dialectique, de la rhétorique, de l'histoire, de la poésie et de la musique. La raison, pénétrant toujours plus avant pour ajouter à ses conquêtes, continue Augustin, s'avança dans le domaine des yeux (c'est ainsi qu'il appelle le monde visible, ce vaste champ de l'observation) : elle en considéra les inépuisables trésors, ajoute-t-il, et parcourant le ciel et la terre, elle sentit que rien ne pouvait lui plaire que la beauté ; que dans la beauté rien ne lui plaisait que les formes ou les figures ; dans les figures, que les proportions ; dans les proportions, que les nombres. Et de là Augustin déduit l'origine et l'étude de la géométrie et de l'astronomie (1).

Puis, après cette magnifique généalogie des Sciences, élevant ses disciples à la contemplation de la vérité universelle, d'où découlent toutes les vérités scientifiques, à l'éternel géomètre et au suprême architecte des mondes : Que quelqu'un

---

(1) De Ordine, lib. II, cap. xv.

vienne, s'écrie-t-il, qui, ne se laissant plus surprendre à ces images sensibles des choses, réduise à une certaine unité simple, véritable et permanente, toutes les connaissances que les sciences et les arts répandent de tous côtés avec tant de variété et d'étendue, c'est celui-là qui mérite avec justice le nom de savant ; et il peut sans témérité se livrer à la recherche des choses divines, non-seulement pour les croire sur la foi de l'autorité infaillible de la Religion, mais pour les contempler, pour en avoir l'intelligence, et s'en nourrir (1).

Celui-là, Messieurs, mérite mieux que le nom de savant, car il est véritablement philosophe. Il possède, par une vue d'ensemble, la connaissance de Dieu et de ses œuvres : n'est-ce pas toute la philosophie ?

IV.

Mais que pensait Augustin de la philosophie ?

Nous croyons et nous enseignons, écrit-il dans le livre de la Vraie Religion, que la philosophie, c'est-à-dire, l'amour de la sagesse, et la Religion de Jésus-Christ sont une seule et même chose (2). Oui, Messieurs, la vraie Religion et la vraie Philo-

---

(1) De Ordine, lib. II, cap. XVI.
(2) Sic enim creditur et docetur, quod est humanæ salutis caput, non aliam esse philosophiam, id est sapientiæ studium, et aliam religionem. Lib. de Vera relig. cap. V.

Voir la septième note, dans l'appendice.

sophie ne peuvent pas être différentes dans leur résultat, car la vérité est une (1). Mais elles diffèrent dans leur marche et par le procédé qui les conduit à la connaissance de la vérité. Comment procède la philosophie? De quel point fixe et incontestable part-elle? Sur quel principe absolument certain s'appuye-t-elle, pour se livrer à ses investigations?

Un jour, Messieurs, un homme doué d'un puissant génie, illuminé déjà de toutes les lumières du christianisme, voulant tracer aux âmes dévoyées dans les sentiers de l'erreur, ou travaillées par le doute, la route de la vérité, feint de se mettre lui-même à sa recherche. Il établit, à cet effet, le dialogue suivant entre lui-même et sa propre raison :

« Le philosophe : Commençons ce grand ouvrage. — La Raison : Commençons-le. — Le phil. : Croyons que Dieu nous soutiendra. — La Raison : Croyons-le certainement, croyons-le sans aucun doute, si cette croyance est en notre pouvoir. — Le phil. : C'est Dieu lui-même qui est notre pouvoir. — La Rais. : Prie-le donc aussi brièvement et aussi parfaitement que tu le pourras. — Le Phil. : O Dieu, toujours le même, faites que je me connaisse, faites que je vous connaisse; telle est ma prière. — La Rais. : Mais toi,

---

(1) Soliloq. lib. II, cap. I.

qui veux te connaître, sais-tu que tu existes? — Le phil. : Je le sais. — La Rais. : D'où le sais-tu? — Le phil. : Je l'ignore. — La Rais. : As-tu connaissance de toi-même, comme d'un être simple ou composé? — Le phil. : Je l'ignore. — La Rais. : Sais-tu si tu es mis en mouvement (ou si le principe du mouvement est en toi)? — Le phil. : Je l'ignore. — La Raison : Sais-tu si tu penses? — Le phil. : Je le sais. — La Rais. : Il est donc vrai que tu penses? — Le phil. : Oui, cela est vrai (1). » — La conclusion infaillible est celle-ci : Donc tu existes (2).

En entendant ce dialogue, Messieurs, vous avez sans doute nommé tout bas Descartes. Vous vous êtes trompés : c'est Augustin qui a trouvé ce procédé pour arriver à la base de la certitude philosophique. C'est à lui, et non à Descartes, qu'appartient cette méthode, admirée par les uns et combattue par les autres, mais que protégent le génie et la gloire de saint Augustin, que recommandent encore à l'admiration tous les philosophes chrétiens du dix-septième siècle : en tant du moins qu'elle n'outrepasse pas les limites qui lui sont assignées par saint Augustin lui-même,

---

(1) Soliloq. lib. II, cap. 1.
(2) S. Augustin tire ailleurs cette conclusion, et il y revient dans plusieurs de ses ouvrages : « Quid si falleris? — Si enim fallor, sum. » De Civit. Dei, lib. XI, cap. XXVI et XXVII. — Même raisonnement dans le livre XVe de Trinitate. — Item, contra Academic. — Rursus, init. libri, De fide, Spe et Charitate.

pour la propre sauvegarde de la Science autant que pour la garantie de la Foi (1).

Et maintenant, Messieurs, quelles sont les questions les plus générales que se pose la philosophie, et comment Augustin, par la lumière de la raison, qu'il ne sépare jamais de la foi, les a-t-il résolues? Le Beau, le Vrai, le Bien : voilà les trois points fondamentaux de la science philosophique, ainsi que l'a fait observer un philosophe célèbre de nos jours (2).

V.

Voulez-vous, sur le Beau, les plus hautes considérations en même temps que les notions les

---

(1) Ces salutaires limites sont ainsi marquées dans l'ouvrage : De genesi ad literam, imperfect. lib. : De obscuris naturalium rerum quæ omnipotente Deo artifice facta sentimus, non affirmando, sed quærendo tractandum est, in libris maxime, quos nobis divina commendat auctoritas, in quibus temeritas incertæ dubiæque opinionis, difficile sacrilegii crimen evitat : EA TAMEN QUÆRENDI DUBITATIO CATHOLICÆ FIDEI METAS NON DEBET EXCEDERE. C'est une condition essentielle, *sine qua non* de la légitimité du doute méthodique et par conséquent de l'alliance de la science et de la foi. Le Saint Siége ne l'a jamais condamné dans ces limites, et c'est ainsi que nous l'admettons avec S. Augustin, Fénelon et Bossuet.

(2) Nous ne doutons pas que l'esprit supérieur auquel nous faisons ici allusion, après avoir pénétré dans toutes les profondeurs de la science philosophique, ne soit enfin arrivé à la seule conclusion qui satisfasse l'esprit et le cœur, et que sur toutes les questions les plus vitales de cette science, c'est-à-dire celles qui intéressent le salut éternel, son dernier mot ne soit celui du grand Augustin : LA VRAIE PHILOSOPHIE N'EST POINT DIFFÉRENTE DE LA VRAIE RELIGION.

plus justes, les plus précises? Lisez tout ce que le saint Docteur en dit avec plus ou moins de développement dans le livre de la Vraie Religion ; dans le dernier des six livres de la Musique ; dans le premier livre de la Genèse, contre les Manichéens ; dans le chapitre dix-huit du onzième livre de la Cité de Dieu ; dans le vingtième et vingt et unième chapitre du troisième Traité sur l'Évangile selon saint Jean ; dans la Lettre troisième, à Nébride ; dans la cent vingtième, à Consentius ; enfin, dans les Confessions, au chapitre vingt-quatrième du dixième livre, et au chapitre quatre du onzième. Recueillez toutes ces inspirations du génie et du cœur d'Augustin, éparses dans tant de pages sublimes, et vous aurez la théorie du Beau, la seule vraie, la seule complète, parce que si la Science en a posé la base, la Foi lui a donné son couronnement. Vous verrez alors, Messieurs, comment, du Beau, dans la nature, et dans les arts, et dans les lettres, et dans les mœurs, il s'élève à la source invisible des éléments mêmes qui le constituent, c'est-à-dire au principe de tout nombre, de toute proportion, de toute convenance, de tout ordre, de toute harmonie; à l'unité souveraine, à la forme divine, à la raison incréée, à la justice essentielle, à la perfection absolue, à cette éternelle beauté du Créateur, qui excite incessamment ses soupirs dans l'exil de cette vie, et quelquefois ses extases et ses ravissements, lorsqu'il semble la contempler, la saisir, l'embrasser dans quelque rayon échappé de ses splendeurs sur les créatures.

VI.

Mais ce rayon de l'éternelle Beauté mène à la connaissance de la vérité suprême, car l'une n'est pas distincte de l'autre. La face rayonnante du soleil, n'est-ce pas le soleil lui-même? C'est de cette vérité que découle tout ce qui est vrai. Qu'est-ce donc que le vrai? et qu'est-ce que le faux? Le vrai, c'est ce qui est, répond Augustin; le faux, c'est ce qui paraît être, et n'est pas (1). Et sa double définition a été répétée par tous les philosophes. Mais comment le vrai est-il conçu dans l'esprit? C'est Nébride qui interroge. — Souvenez-vous, mon cher Nébride, lui répond le philosophe d'Hippone, que ce que nous appelons concevoir se fait en nous de deux manières, ou intérieurement par la seule action de l'âme et de l'intelligence, ou par les impressions et les avertissements des sens. Dans l'une et l'autre manière de concevoir, notre connaissance n'est pour ainsi dire que la réponse que nous fait la vérité éternelle que nous consultons intérieurement; mais que nous consultons dans l'une sur ce que nous trouvons en nous-mêmes, et dans l'autre sur ce qui nous est rapporté par les

(1) Soliloq. lib. II. cap. v.

sens (1). — Et quel est, dès lors, notre premier devoir à l'égard du Vrai, demande Augustin dans les Soliloques? La Raison, son interlocutrice, lui répond : C'est de rechercher cette vérité qui ne peut être mélangée de rien de faux, qui n'a point deux faces différentes, qui ne se contredit jamais, et dont le nom sert à désigner toutes les choses vraies, de quelque manière qu'on les désigne (2). Puisez, s'écrie-t-il, puisez la vérité en Dieu qui en est la source. Rassasiez-vous au dedans, afin de répandre ensuite au dehors de votre plénitude. Puisque vous ne pouvez puiser la vérité dans vous-même, il faut nécessairement que vous la puisiez en Dieu, comme dans la source d'où elle s'épanche sur les intelligences (3).

VII.

Cependant cette vérité qui éclaire l'esprit de l'homme, est aussi le souverain bien après lequel son cœur soupire même à son insu. Vous le savez, Messieurs, la question du souverain bien est celle qui a été le plus agitée dans l'anti-

---

(1) Epist. XIII. Nebridio Augustinus, n. 4. Par où l'on voit qu'Augustin, en admettant deux instruments de perception dans l'homme, les sens et l'intelligence, regarde la vérité éternelle comme la seule source primitive de toutes nos connaissances.

(2) Soliloq. lib. II, cap. x, in fin.

(3) Enarrat. in ps. xci.

quité païenne, parceque l'aspiration au bonheur sort des entrailles même de l'humanité. Augustin, dans son immense ouvrage de la Cité de Dieu, nous apprend que Varron comptait jusqu'à cent quatre-vingt-huit sectes existantes ou possibles touchant le souverain bien (1). Le père de la philosophie chrétienne, Augustin, après avoir réfuté ces opinions diverses, établit scientifiquement que Dieu est exclusivement le bien suprême, le souverain bien en même temps que la source unique de tous les biens visibles et invisibles. La question du mal, corrélative à celle du bien, est illuminée en même temps par cette raison supérieure, qui s'éclaire elle-même de la lumière infaillible de la Foi. Elle enseigne, avec une hauteur de vue inconnue avant les siècles de l'Évangile, que la défaillance de la volonté qui constitue le mal moral, ne consiste pas en ce que la volonté se porte vers une chose en soi mauvaise, puisqu'elle ne peut se porter que vers une nature, et que toutes les natures sont bonnes, l'être, à tous les degrés, étant un bien ; mais parcequ'elle s'y porte mal, c'est-à-dire contre l'ordre des natures elles-mêmes, en quittant l'Être souverain pour tendre vers ce qui a moins d'être (2). D'où la conclusion : que Dieu seul doit être recherché pour lui-même, tous les

---

(1) De Civitat. Dei. lib. XIX. cap. iv.
(2) De civitat. Dei, lib. XII. cap. viii.

autres biens inférieurs ne pouvant être désirés que comme des moyens d'arriver à la possession de Dieu, fin de notre existence, et par conséquent notre unique béatitude.

VIII.

C'est ainsi, Messieurs, qu'Augustin, porté entre les bras, pour ainsi dire, de la Religion et de la Philosophie, s'élève dans les plus hautes et les plus saintes régions du monde invisible. Le Beau, le Vrai, le Bien, répandus à profusion sur toute la nature par la sagesse divine, sont comme autant de degrés par lesquels il monte jusqu'à Dieu. Entendez-le s'écrier pour nous exciter à le suivre :

O sublime Sagesse, douce et riante lumière d'une intelligence épurée, guide sûr et fidèle, malheur à ceux qui vous abandonnant, vont errer loin de vos routes lumineuses, et qui dans vos ouvrages aimant mieux vos ombres que vous-même, n'y discernent point les traits de votre main puissante, et les signes que vous nous faites, pour nous avertir et nous rappeler sans cesse à l'excellence de vos beautés éternelles; car ces traits imprimés sur les créatures qui en font tout l'ornement et tous les charmes sont destinés à réveiller nos esprits et nos cœurs pour qu'ils s'élèvent jusqu'à vous. Ainsi, l'artiste, par la beauté de son œuvre, semble-t-il faire signe à celui qui le considère de n'y pas arrêter son admiration, mais en la parcourant des yeux, de reporter son amour à celui qui en est l'auteur. Tous ceux, ô divine Sagesse, qui reposent leur cœur sur vos ouvrages sans songer à vous, sont semblables à ces ignorants qui, très-attentifs au discours d'un homme éloquent et habile, s'appliquent avec tant d'avidité à l'agrément de sa voix ou à l'arrangement de ses paroles, qu'ils perdent de vue le principal sujet du discours et les pensées même dont ces paroles ne sont que les signes. Malheur, malheur à ceux qui, refusant d'être éclairés de vos splendeurs, ô Soleil des intelligences, prennent un funeste plaisir dans leurs ténèbres! Car en s'éloignant de vous et tournant, pour ainsi dire, le dos à l'astre brillant du jour, que peuvent-ils voir sinon des ombres dans ces grossières voluptés, où la joie même qu'ils ressentent ne vient que de l'éclat de votre lumière, dont ces ombres sont environnées? Ah, plus on se plaît dans cette affreuse obscurité des sens, plus l'œil de l'âme en devient faible, languissant, incapable de soutenir votre présence, et de vous contempler, ô Sagesse, qui êtes tout à la fois la Beauté infinie, la Vérité suprême, le Bien universel! Ainsi, quand l'homme s'attache à ce qui flatte et entretient ici-bas sa convoitise, il s'aveugle de plus en plus. Alors il commence à ne plus rien voir de grand et de sublime dans le monde supérieur dont celui-ci n'est que l'image (1).

(1) De libero Arbitrio, lib. II, cap. XVI. n. 43.

IX.

Voilà, Messieurs, ce que saint Augustin a fait pour l'alliance de la Science et la Foi. Voilà ce que cette alliance, à son tour, a procuré de véritable gloire à saint Augustin. C'est ainsi que le père de l'Eglise le plus éminent, le plus grand théologien, après saint Paul, initiait ses bien-aimés disciples à ces hautes connaissances philosophiques, en même temps qu'il leur expliquait les règles pratiques de la vie; c'est ainsi qu'il leur découvrait, comme disait Alipe (1), l'un de ses disciples et son ami intime, non-seulement les routes, mais les vastes champs, mais les mers calmes et pures de la science; c'est ainsi qu'il leur montrait clairement où résident les mystères de la vérité, leur en expliquait la nature, la divine beauté, et leur apprenait les dispositions où doivent être ceux qui se livrent à leur recherche.

Jeunes gens, l'espoir de l'Eglise et de la patrie, la gloire et l'amour de votre premier Pasteur, laissez-moi vous donner en finissant, par la bouche d'Augustin, en présence de vos pères dans la science, des conseils qui assureront vos sucsès; ou plutôt consentez à devenir, pour quelques instants, les disciples du philosophe de Cassiacum et du docteur d'Hippone, du savant illustre que le monde a donné à la Religion, du

---

(1) De Ordine, lib. II, cap. xx. n. 53.

grand Saint que la Religion a donné au Ciel; dans l'heureuse société d'Alype, de Nébride, de Licentius et de Trigetius, recueillez avec amour les paroles de votre tendre ami à tous, plus encore que de votre commun maître, et gravez-les profondément dans vos cœurs :

X.

Tout disciple de la sagesse s'attache d'abord aux règles d'une vie pure. Voici donc quelle doit être la vie des jeunes gens qui se consacrent à l'étude. Ils doivent renoncer à toutes les séductions de la volupté, aux recherches de la parure, aux soins déréglés de leur personne, aux dangereuses occupations du jeu, à la pesanteur du sommeil, aux charmes de l'oisiveté, aux désirs immodérés de la louange, aux empressements trop vifs pour les dignités et les honneurs. Il ne vous sera permis, jeunes gens, d'aspirer aux emplois publics qu'après que vous vous en serez rendus dignes par de longs travaux et par la pratique des plus solides vertus. Commencez donc par chasser tous les vices de votre âme, sans faire grâce à aucun. La sainte passion de l'étude ne va bien avec aucune autre passion. Cultivez cependant l'amitié, elle vous sera d'un grand secours, si vos amis sont chrétiens, graves, studieux. Ayez du respect pour tous les mérites et principalement pour les vétérants de la science, qui sont vos maîtres, et que peut-être vous n'égalerez jamais ; soyez modestes devant eux : écoutez leur vieille expérience. Que toute votre conduite, en un mot, soit juste et réglée : servez Dieu ; pensez-y souvent ; marchez sous son regard invisible ; unissez-vous à lui par la foi, l'espérance et la charité ; enfin priez-le pour l'heureux cours de vos études et de celle des compagnons de votre jeunesse.

XI.

Après avoir réglé votre vie selon les maximes que vous venez d'entendre, il reste à vous parler de la manière dont vous devez vous instruire. Nous avons deux voies à suivre, disons-nous avec S. Augustin quand l'obscurité des choses nous embarrasse : la raison et l'autorité. La philosophie appuie ses assertions sur la raison, toujours faible et chancelante ; la Religion fonde ses enseignements sur la souveraine autorité de Dieu. Si, dans l'étude du monde intelligible, vous vous livrez à la recherche de la vérité par la première voie, nous ne saurions vous en blâmer, pourvu que, dans ces ténébreuses questions, vous ne perdiez pas de vue le flambeau de la foi. Nous en convenons avec saint Augustin (1),

---

(1) Quemadmodum illi qui in luce solis eligunt quod libenter aspiciant, et eo aspectu lætificantur ; in quibus si qui forte fuerint vegetioribus sanisque et fortissimis oculis præditi, nihil libentius quam ipsum solem contuentur, qui etiam cætera quibus

affranchie par la grâce de Jésus-Christ, une âme à la pénétration sublime, après avoir contemplé avec une raison ferme et hardie plusieurs vérités immuables, peut s'élever à la source de toutes les vérités, à la vérité souveraine, qui éclaire les mondes visibles et invisibles de sa lumière, et s'attachant à elle par toutes les forces de son intelligence, dans l'oubli de la successive et fatiguante pluralité des êtres, jouir à la fois de la perfection de tous dans l'unité de leur principe; mais lorsque en procédant de la sorte, dans l'exercice des facultés de votre intelligence, vous arriverez par hazard à une conclusion philosophique qui contredira une vérité religieuse, concluez infailliblement que la philosophie s'égare. Dites vous à vous-même : la vraie science n'est pas là, car la raison de l'homme ne peut pas être contraire à la raison de Dieu, et il est juste que l'une soit humblement soumise à l'autre, même en ce qui dépasse sa faible portée (1).

XII.

Vous, jeunes gens, qui vous livrez à l'étude des sciences exactes ou naturelles, n'oubliez pas

---

infirmiores oculi delectantur, illustrat: Sic fortis acies mentis et vegeta cum multa vera et incommutabilia certa ratione conspexerit, dirigit se in ipsam veritatem, qua cuncta monstrantur, eique inhærens tanquam obliviscitur cætera, et in illa simul omnibus fruitur. De Libero arbitrio, lib. II, cap. XIII.

(1) Voir, dans l'Appendice, les notes v, vi, vii.

que toutes les sciences touchent à des vérités divines et profondes, pour l'intelligence desquelles la sagesse éternelle (qui doit toujours parler par la bouche de vos maîtres) demande de vous particulièrement cette grande pureté de mœurs que nous vous recommandions tout à l'heure à tous. Ce n'est qu'alors, avec les yeux épurés de l'âme, que vous pourrez atteindre à cette unité suprême et vivante en qui se trouvent tous les mystères des nombres, et que vous obtiendrez d'elle, par une humble prière jointe à un travail opiniâtre, d'en pénétrer le fond. Et si vous voulez, d'autre part, étudier avec fruit les beautés visibles de l'univers, il faut, encore ici, que l'amour de la beauté souveraine et universelle écarte surtout loin de vous, par la force divine de la grâce, tous ces mauvais désirs des voluptés terrestres, afin que vous puissiez, dans la paix de votre âme, dans le calme de la vertu, vous livrer à la contemplation constante et suivie des merveilles de la nature.

XIII.

Vous, qui faites des lois votre étude la plus sérieuse, songez qu'elles dérivent toutes de la raison éternelle, de la loi même de Dieu, loi toujours fixe, toujours sainte, toujours immuable en elle-même, écrite primitivement dans le cœur de tous les hommes où les passions l'avaient presque effacée, ensuite promulguée extérieurement sur le Sinaï par le ministère de Moïse, sanctionnée enfin par le sang de Jésus-Christ sur le Calvaire, et interprétée infailliblement dans l'Église pour toute la suite des générations. Sachez que vous avancerez d'autant plus dans les profondeurs de cette science, que vous aurez une plus grande application à contempler cette loi divine, et que vous prendrez surtout plus de soins de la retracer dans tous les détails de votre vie. Comment pourriez vous un jour inspirer le respect pour la loi de votre pays, si vous même vous vous accoutumiez à fouler aux pieds la loi du législateur suprême ?

XIV.

Vous qui aspirez à exercer l'art de guérir, vous trouverez d'autres dangers pour le succès de vos études, contre lesquels il faut aussi que nous vous prémunissions. Avant de songer à guérir les maladies du corps, guérissez d'abord les maladies de votre âme, afin de vous mettre en rapport avec le suprême médecin, de qui dépendent la santé et la maladie, la vie et la mort.

En étudiant le corps humain, admirez dans les merveilles de sa structure, la puissance et la providence du créateur. Mais respectez encore ce cadavre ; il y a quelque chose de sacré dans cette ruine : une image vivante de Dieu l'animait naguères. C'est un temple que Jésus-Christ, à l'exemple de ce qu'il a fait pour lui-même, restaurera un jour, et dont la profanation ne resterait pas impunie.

Accordez ensuite à la religion, Messieurs, ce qu'elle réclame de vous : « Rends au médecin, dit l'oracle sacré, l'honneur qui lui est dû ; le Très-Haut l'a créé : car tout remède salutaire vient de Dieu, et sa découverte mérite récompense. » Ecoutez bien la suite : « Mon fils, si donc la maladie t'atteint, purifie ton cœur de toute iniquité, prie le Seigneur, et lui-même te guérira par le ministère du médecin. » Oui, Messieurs, vous n'êtes que des instruments entre les mains de Dieu ; ne l'oubliez pas. Mais écoutez surtout la conclusion : « Lui-même, le médecin, priera le Seigneur de diriger ses soins pour la guérison du malade, afin qu'il vive (1) ». Solennel avertissement, Messieurs, pour que le médecin ne sépare pas la science de la piété, s'il veut voir sa personne environnée d'honneur, de confiance, et sa pratique couronnée de succès.

XV.

Vous appliquez-vous enfin à l'étude des arts libéraux, gravez bien dans votre esprit et votre cœur, qu'il n'y a rien en effet dans ces arts qui

(1) Eccles., cap. xxxviii, v. 1, 4, 10, 14.

convienne aux âmes libres que ce qui est conforme à la vérité et ce qui sert à établir son empire. Poëtes, orateurs, musiciens, peintres, sculteurs, architectes, voulez-vous être tous les dignes enfants de l'harmonie, élevez-vous de l'harmonie des mots, ou des sons, ou des couleurs, ou des lignes, ou des sphères, à l'harmonie essentielle et universelle, pour reposer vos âmes au sein de l'éternelle Beauté. Regardez les diverses sortes d'harmonie de la création comme autant d'échos de cette harmonie incréée qui résulte du concert des trois divines personnes dans l'unité de leur nature. Et souvenez-vous que, quiconque aura violé les règles de l'harmonie morale, laquelle consiste dans l'accord de notre volonté avec la loi de Dieu, sera exclu du concert céleste, et relégué dans le lieu ou « il n'y a, dit l'écriture, aucun ordre, nulle « harmonie, mais où habite une horreur sem- « piternelle (1) ».

Pratiquez ces conseils que notre sollicitude paternelle, s'inspirant de l'esprit de saint Augustin, vient de vous donner, et l'on pourra dire un jour de chacun de vous, Messieurs, comme du docteur d'Hippone : « Dieu a enrichi son » âme des trésors de la science et de la vertu. » Ainsi soit-il.

(1) Job., x, 22.

APPENDICE

DES NOTES.

APPENDICE

DES NOTES.

I.

L'homme peut, à force de travail et d'application, découvrir un assez grand nombre de vérités dans l'ordre religieux ; mais telle est la nature de son esprit et la faiblesse de sa raison, qu'il a toujours ignoré la plupart des moyens qui conduisent au salut éternel, c'est-à-dire à la fin principale pour laquelle il a été créé et formé à l'image et à la ressemblance de Dieu, tant qu'il n'a été éclairé que des seules lumières naturelles. (Introduction du Catéchisme du concile de Trente.)........

Il y a une grande différence entre la philosophie du siècle et la sagesse chrétienne. L'une, guidée seulement par la lumière naturelle, s'élève peu à peu, à l'aide des effets et des choses sensibles, et ne parvient enfin, qu'après de longs travaux, à contempler les choses invisibles de Dieu, à reconnaître et à comprendre la cause et l'auteur de tout ce qui existe. L'autre, au contraire, perfectionne tellement la pénétration naturelle de l'esprit humain, qu'il s'élève aisément jusqu'au Ciel, où, environné d'une lumière céleste, il contemple d'abord la source éternelle de toute lumière, et ensuite toutes les choses qui sont au-dessous. C'est alors que nous sentons avec une joie infinie de notre esprit, *que nous avons été appelés des ténèbres à une lumière admirable,* comme dit le prince des Apôtres, *et que notre foi nous cause un ravissement ineffable.* Catéchisme du concile de Trente, ch. II, § 2.

Les philosophes n'ont pu concevoir en Dieu rien d'imparfait, ils ont rejeté, comme indigne de lui, tout ce qui est corporel, toute c.. position et tout mélange. Ils l'ont regardé comme possédant en lui-même la plénitude de tous les biens, et ont enseigné que tout ce qu'il y a de bon et de parfait dans toutes les créatures vient de lui, comme d'une source inépuisable et perpétuelle de bonté et de charité. Ils l'ont appelé sage, auteur et amateur de la Vérité, juste et bienfaisant, et lui ont donné plusieurs autres noms qui expriment la perfection souveraine et absolue. Enfin, ils ont reconnu en lui un pouvoir immense et infini qui s'étend à toutes les choses et à tous les lieux. *Ibid.*

Telles sont les grandes idées que les philosophes eux-mêmes se sont formés de la nature divine, en considérant les effets sensibles de ce monde, et qui sont conformes à l'autorité des livres saints. Et cependant pour sentir combien nous avions besoin, même à cet égard, de la révélation céleste, il suffit de remarquer que la foi n'a pas seulement pour effet de faire connaître promptement et sans peine aux plus ignorants et aux plus grossiers ce que des philosophes si savants n'ont connu qu'après de longues études. La connaissance qu'elle nous donne des choses est beaucoup plus certaine, plus pure et plus exempte d'erreurs que si elle venait des raisonnements de la science humaine. Et d'ailleurs qu'elle différence entre la contemplation de la nature, qui ne peut pas faire connaître Dieu à tout le monde, et la lumière de la foi qui le révèle infailliblement à tous ceux qui croient. *Ibid.* (Traduction de M. Doney, aujourd'hui évêque de Montauban.)

II.

Est-il nécessaire d'admettre, indépendamment des Sciences philosophiques, une autre Science ?

Il a été nécessaire pour le salut de l'humanité qu'il y eut une science fondée sur la révélation, indépendamment des sciences philosophiques, qui sont le résultat des investigations de la raison humaine ; parce que l'homme se rapporte à Dieu comme à une fin qui surpasse la portée de sa raison, d'après ces paroles d'Isaïe (liv. XIV, IV) : *L'œil n'a pas vu sans vous, ô Dieu, ce que vous avez préparé à ceux qui vous aiment.* Or, il faut que l'homme connaisse préalablement la fin avec laquelle il doit mettre en rapport ses actions et ses intentions. Par conséquent, il a été nécessaire au salut de l'homme que Dieu lui fît connaître par révélation ce qui est au-dessus de la raison humaine. Quant à ce que nous pouvons connaître par nous-mêmes sur Dieu, il a été nécessaire aussi que l'homme en fût instruit par la révélation; parce que la vraie notion de Dieu n'aurait pu, à l'aide seul de la raison humaine, être acquise que par un petit nombre, après de longues années de labeur, et avec un mélange de beaucoup d'erreurs. C'est cependant de la vérité de cette connaissance que dépend le salut de l'homme, qui est tout en Dieu. Donc, pour faciliter et pour assurer le salut du genre humain, il a été nécessaire que l'homme fût instruit des choses de Dieu par le moyen d'une révélation divine. Il a donc fallu qu'indépendamment des sciences philosophiques, qui sont l'œuvre de la raison humaine, il y eût une science sacrée qui fût le fruit de la révélation. S. Thomas d'Aquin; Somme théologique, 1re part. q. I. art. 1.

III.

La Doctrine sacrée est-elle une science?

La Doctrine sacrée est une science. Mais on doit savoir qu'il y a deux sortes de sciences. Les unes procèdent d'après les principes que l'on connaît par les lumières naturelles de la raison, comme l'arithmétique, la géométrie et les autres sciences de même nature. Les autres reposent sur des principes que l'on ne connaît qu'au moyen d'une science supérieure. Ainsi, la perspective emprunte ses principes à la géométrie, et la musique doit les siens à l'arithmétique. C'est de cette manière que la Doctrine sacrée est une science, car elle procède d'après des principes qui ne nous sont connus que par les lumières d'une science supérieure, qui est la Science de Dieu et des bienheureux. Par conséquent, comme la musique accepte les principes qui lui sont transmis par l'arithmétique, de même l'enseignement sacré accepte les principes qui lui ont été révélés de Dieu. *Ibid.* art. v.

IV.

La Science sacrée est-elle plus noble que les autres sciences ?

La science sacrée, qui est spéculative sous un rapport, et pratique sous un autre, surpasse toutes les autres sciences tant spéculatives que pratiques. En effet, parmi les sciences spéculatives, l'une peut l'emporter sur l'autre, soit en raison de sa certitude, soit en raison de la dignité de son objet. Sous ce double rapport, la Science sacrée est supérieure à toutes les autres sciences spéculatives. Elle l'emporte d'abord pour la certitude, parce que les autres sciences ne doivent leur certitude qu'à la lumière naturelle de la raison humaine qui est faillible, tandis que la Science sacrée tire sa certitude de la lumière de la Science divine, qui est infaillible. Elle l'emporte encore pour la dignité de son objet, parce qu'elle s'occupe principalement de choses qui surpassent par leur élévation la raison humaine, tandis que les autres sciences ne considèrent que ce qui est de son domaine. — Quant aux sciences pratiques, la plus noble est celle qui ne se rapporte à aucune autre fin ultérieure. Ainsi, le civil l'emporte sur le militaire, parce que le bien de l'armée a pour but le bien de la cité. Or, la fin de la Science sacrée, considérée au point de vue pratique, est le bonheur éternel, vers lequel tendent toutes les autres sciences pratiques comme vers leur fin dernière. D'où il est évident que, sous tous les rapports, la Science sacrée est plus noble que les autres. *Ibid.* ART. II.

V.

Il est avantageux que la Foi nous propose à croire des choses que la Raison ne peut naturellement connaître.

1. Il y en a qui pensent qu'on ne doit pas proposer à la croyance de l'homme des choses que sa raison ne peut connaître, parce que la divine Sagesse pourvoit à tous les êtres d'une manière conforme à leur nature. C'est pourquoi il faut démontrer qu'il

est nécessaire à l'homme que Dieu lui propose à croire des choses qui surpassent sa raison. Car on ne désire une chose et on ne se porte vers elle avec ardeur qu'autant qu'on en a préalablement la connaissance. Les hommes étant destinés par la providence de Dieu à un bien plus élevé que celui que leur faiblesse peut goûter ici-bas, il a fallu que leur esprit fût élevé à un ordre de vérité supérieur à celui que leur raison peut atteindre, afin d'apprendre par là même à désirer et à rechercher avec ardeur un bien qui surpasse tout le bonheur de la vie présente. C'est là surtout le caractère de la religion chrétienne, qui promet tout spécialement les biens spirituels et éternels, et c'est pour ce motif qu'elle nous propose à croire une foule de choses supérieures à l'entendement humain. La loi ancienne, qui ne renfermait que des promesses temporelles, ne comprenait pas de dogmes qui surpassassent la portée de la raison humaine. D'après cela, les philosophes ont eu soin, comme le dit Aristote (*Eth.* lib. VII, cap. 12; et lib. x. cap 1 et 5), de montrer aux hommes, pour les éloigner des jouissances sensuelles et les porter à la vertu, qu'il y avait d'autres biens préférables aux biens des sens, et qui répandent dans l'âme de ceux qui se livrent aux vertus actives ou contemplatives une joie plus agréable et plus pure. D'ailleurs il est nécessaire que la révélation parle à l'homme, pour qu'il ait une notion de Dieu plus vraie. Car nous ne connaissons Dieu visiblement que quand nous croyons qu'il est au-dessus de tout ce qu'il est possible à l'homme d'en penser, parce que la substance divine surpasse nécessairement la connaissance humaine. Or, par là même que la foi nous enseigne sur Dieu des choses qui surpassent notre raison, nous sommes affermis dans le sentiment que Dieu est un être au-dessus de tout ce que nous pouvons penser.

2. Le second avantage qui résulte de la supériorité de la foi, c'est la répression de la présomption qui est la mère de l'erreur. Car il y en qui présument tellement de leur génie, qu'ils semblent pouvoir embrasser par leur entendement la nature divine tout entière, regardant comme absolument vrai tout ce qu'ils voient, et comme faux tout ce qu'ils ne voient pas. Pour guérir l'esprit humain de cette maladie, et l'amener à rechercher la vérité avec modestie, il a donc été nécessaire que Dieu propo-

sât à la croyance de l'homme des dogmes qui surpassassent complétement son intelligence.

3. Un troisième avantage nous est indiqué par quelques paroles d'Aristote (*Eth.* lib. x, cap. 7). Simonides ayant engagé un individu à laisser là l'étude des choses divines pour ne s'appliquer qu'aux choses humaines, sous prétexte que l'homme doit s'occuper de ce qui est humain, et un mortel de ce qui est mortel, le philosophe de Stagyre dit au contraire que l'homme doit tendre de toutes ses forces vers les choses immortelles et divines. Aussi remarque-t-il ailleurs (*De part. anim.* lib. i, cap, 5) que, quoique nous sachions peu de chose des substances supérieures, le peu que nous en savons est plus agréable et plus à envier que toutes les connaissances que nous avons des substances inférieures. Et, ailleurs, il dit encore (*De cœl. et mund.*, text. 34) que, quoique les questions qu'on soulève sur les corps célestes n'aient que des solutions douteuses, néanmoins elles causent une grande joie à celui qui les étudie. Tous ces témoignages prouvent que la connaissance des choses les plus nobles, quelque importante qu'elle soit, donne à l'âme la plus grande perfection. C'est pourquoi, bien que la raison humaine ne puisse pleinement pénétrer les vérités qui sont au-dessus d'elle, néanmoins elles la perfectionnent beaucoup, si elle les accepte telles que la foi les lui enseigne. C'est pour ce motif qu'il est dit dans l'Ecriture (*Eccles.* iii, 25): *Dieu vous a découvert beaucoup de choses qui étaient au-dessus de l'esprit de l'homme.* Et ailleurs: (I. *Cor.* ii, 11). *Nul ne connaît ce qui est en Dieu que l'esprit de Dieu... Mais il nous l'a révélé par son Esprit.* Saint Thomas-d'Aquin; extrait de la Somme contre les Gentils. Liv. I, chap. v.

VI.

Il n'y a pas de légèreté à croire les choses qui sont de foi, quoiqu'elles soient supérieures à la raison.

Ceux qui admettent les vérités révélées que la raison humaine ne peut démontrer ne croient pas à la légère, comme ceux qui croient des fables grossières, selon l'expression de l'apôtre saint Pierre (II. *Pet*, 1). Car la divine sagesse qui connaît tout à fond et qui a daigné révéler aux hommes ses secrets a prouvé sa présence et la vérité de sa doctrine et de son inspiration par les preuves les plus convenables, puisque pour établir des vérités supérieures à notre entendement naturel, elle a produit visiblement des œuvres qui surpassent les forces de la nature entière, comme la guérison miraculeuse des malades, la résurrection des morts, le changement prodigieux des corps célestes, et ce qu'il y a de plus admirable encore, l'illumination des intelligences, de telle sorte que des idiots et des ignorants sont devenus instantanément, après avoir été remplis de l'Esprit-Saint, des hommes éminents, sages et éloquents. A la vue de ces prodiges, la force de la vérité s'est manifestée avec tant d'éclat, que sans avoir recours à la puissance des armes, sans employer les séductions des plaisirs, et ce qu'il a de plus étonnant, au milieu des persécutions des tyrans, elle a attiré à elle non-seulement une multitude innombrable de gens simples et ignorants, mais encore les sages les plus renommés, et les a conquis à la foi chrétienne qui enseigne des dogmes absolument supérieurs à la raison humaine, qui condamne toutes les voluptés de la chair et qui nous apprend à mépriser tout ce que le monde renferme. L'adhésion des esprits à ces enseignements est elle-même le plus grand miracle, et il n'y a évidemment que l'inspiration de Dieu qui ait pu porter les hommes à mépriser ainsi les choses visibles pour ne chercher que les invisibles. Cet événement n'a été d'ailleurs ni imprévu, ni fortuit, mais c'est la Providence divine qui l'a elle-même ménagé. En effet, Dieu l'avait annoncé longtemps à l'avance par un grand nombre de prophètes dont nous vénérons les écrits parce qu'ils rendent témoignage à notre foi. Saint-Paul indique cette preuve de la révélation quand il dit (*Hebr.* II, 3) que *le véritable salut ayant été premièrement annoncé par le Seigneur même, a été ensuite confirmé parmi nous par ceux qui l'ont entendu de sa propre bouche, auxquels Dieu a rendu témoignage par les miracles, par les différents effets de sa puissance et par la distribution variée des dons et des grâces du Saint-Esprit.* Cette conversion si surprenante du monde entier à la foi chrétienne est la preuve la plus certaine des miracles qui ont été faits autrefois, de telle sorte qu'il n'est plus nécessaire de les renouveler puisqu'ils brillent avec tout l'éclat de l'évidence dans leur effet. Car ce serait un prodige plus étonnant que tous les prodiges, si le monde avait été amené par des hommes simples et obscurs, sans aucun miracle, à croire des choses si ardues, à faire des œuvres si difficiles, et à concevoir de si hautes espérances. Néanmoins de nos jours, Dieu ne cesse pas de faire des miracles par l'intermédiaire de ses saints pour l'affermissement de la foi. *Ibid.* chap. VI.

VII.

La Vérité rationnelle n'est pas contraire à la Vérité révélée.

Quoique les vérités que la foi nous propose à croire soient supérieures à la raison humaine, elles ne peuvent néanmoins pas être contraires aux choses que la raison connaît naturellement.

1. En effet, il est constant que les vérités de l'ordre naturel que nous pouvons connaître au moyen de la raison sont tellement certaines, qu'il n'est pas possible de les considérer comme des erreurs. Il n'est pas non plus permis de regarder comme une fausseté ce que la foi nous enseigne, puisque tous ses enseignements sont évidemment confirmés par le témoignage de Dieu lui-même. Et puisqu'il n'y a que le faux qui soit contraire au vrai, comme on le voit évidemment d'après leur définition, il est impossible que la vérité révélée soit contraire aux principes que la raison connaît naturellement.

2. La science de celui qui enseigne embrasse tout ce qu'il fait entrer dans l'esprit de son élève, à moins que son enseignement ne soit dissimulé, ce qu'il n'est pas permis de dire de Dieu. Or, la connaissance des principes que nous possédons naturellement nous vient de Dieu puisqu'il est l'auteur de notre nature. La divine sagesse possède donc elle-même ces principes. Par conséquent tout ce qui est contraire à ces principes est contraire à la sagesse divine et ne peut venir de Dieu. Ainsi ce que la foi nous enseigne d'après la révélation divine ne peut donc être contraire à la connaissance naturelle.

3. Les raisons contraires enchaînent notre entendement au point de le mettre dans l'impossibilité d'arriver à la connaissance

du vrai. Si donc nous avions des connaissances contraires qui nous vinssent de Dieu, elles empêcheraient notre esprit de connaître la vérité, ce que Dieu ne peut faire.

2. Les choses qui sont naturelles ne peuvent être changées tant que la nature subsiste. Or, les opinions contraires ne peuvent exister simultanément dans le même sujet. Donc Dieu n'inspire à l'homme ni opinion, ni croyance qui soient contraires à sa connaissance naturelle. C'est pourquoi l'Apôtre dit (*Com*, x, 8): *La parole de la foi que nous vous prêchons n'est point éloigné de vous, elle est dans votre bouche et dans votre cœur.* Mais parce que la vérité révélée surpasse la raison, il y en a qui croient qu'elle lui est contraire, ce qui ne peut pas être. Saint Augustin est d'ailleurs de cet avis, car il a dit (*Sup. Gen. ad litt.* lib. ii, cap. 18) : Ce que la vérité nous découvre ne peut être d'aucune manière en contradiction avec les livres saints, soit de l'Ancien, soit du Nouveau-Testament.

D'où il résulte manifestement que tous les arguments que l'on fait contre les vérités de foi ne sont pas légitimement déduits des premiers principes naturels qui sont évidents par eux-mêmes et que par conséquent ils ne sont pas démonstratifs. Ce sont des raisons spécieuses et sophistiques et il y a toujours moyen de les détruire. *Ibid*. chap. vii. (Traduct. de M. l'abbé Drioux.)

VIII.

Exhortation à l'amour de la Vérité.

La souveraine vérité est aussi le souverain bien de l'homme, disons-nous d'après S. Augustin, à la page 54. Cette considération a inspiré à saint Augustin une magnifique exhortation à l'amour de la vérité comme source du seul vrai bonheur. Nous nous plaisons à la reproduire ici :

« Je vous avais promis, s'il vous en souvient, dit-il à ses in-
» terlocuteurs, de vous montrer quelque chose de plus grand
» que notre esprit, de plus sublime même que la raison, cette
» magnifique prérogative de la nature humaine : c'est la vérité
» même dont je vous parle. Embrassez-la, si vous le pouvez,
» jouissez-en, délectez-vous en Dieu, mettez en lui toute votre
» joie, et il remplira les désirs de votre cœur. Car que deman-

» dez-vous de plus que d'être heureux ? Et à qui donc sera ré-
» servé le bonheur, s'il n'est le partage de celui qui jouit de
» l'inébranlable, de l'immuable, de la parfaite et suprême vé-
» rité? Quoi! des hommes éperdus d'amour pour une beauté
» périssable, dans les transports de leur ivresse auprès d'une
» épouse, ou même, ce qui est honteux à dire, auprès d'une
» courtisane, s'écrieront qu'ils sont heureux ; et nous dans les
» chastes embrassements de la vérité, nous hésiterons à pro-
» clamer notre bonheur! Quoi! ils se disent heureux, quand,
» desséchés par une soif brûlante, au sein des ardeurs de l'été,
» ils arrivent au bord d'une fontaine abondante et se désaltèrent
» dans ses eaux fraîches et limpides, ou bien quand épuisés de
» faim, ils s'assoient à un brillant festin, et se rassasient des
» mets les plus exquis; et nous, quand notre âme dans sa faim
» dévorante et sa soif inextinguible de bonheur, est tout à la
» fois nourrie et arrosée des eaux vivifiantes de la vérité, nous
» nierons que nous soyons heureux! Ceux-là, couchés sur des
» lits de roses, environnés des fleurs les plus suaves, respirant
» les plus doux parfums, croient un instant avoir trouvé le bon-
» heur ; mais grand Dieu! quel plus délicieux parfum que celui
» que nous apporte, comme une brise embaumée, le souffle de
» la vérité même! Pourquoi donc quand nous sommes animés
» de ce souffle de vie et que nous respirons dans cette divine
» atmosphère, ne crierons-nous pas avec transport que nous
» sommes heureux ? Il en est qui placent la félicité dans l'har-
» monie des sons, qui s'enivrent aux charmes de la voix, à la
» mélodie des instruments : privés de ce plaisir, ils se disent
» malheureux : ils sont transportés de joie, s'ils en jouissent ;
» et nous, quand l'éloquent et harmonieux silence de la vérité,
» si je puis parler ainsi, pénètre sans bruit par des routes in-
» connues dans nos âmes, nous cherchons ailleurs la vie heu-
» reuse, indifférents pour cette félicité sûre et tranquille,
» qu'elle daigne nous offrir! Ceux-ci se réjouissent à la vue
» de l'or et de l'argent, à l'éclat éblouissant des perles,
» à tous les autres jeux de la lumière, à toutes les com-
» binaisons des couleurs, sous le reflet et de l'astre du jour et
» des flambeaux du soir, ou bien ils se plaisent au spectacle des
» cieux, soit quand les étoiles scintillent au firmament, soit
» quand la lune épanche sur la terre sa pâle lueur, pour tem-

» pérer l'obscurité de la nuit : si rien ne vient interrompre cette
» sorte de plaisir, ni le chagrin, ni la misère, il leur semble
» qu'ils sont heureux, et c'est pour en jouir qu'ils vou-
» draient toujours vivre; et nous, lorsque la vérité même avec
» toutes ses splendeurs, daigne descendre au sein de nous-mê-
» mes pour éclairer notre âme, nous aurions la stupidité de
» n'en pas faire le bonheur de notre vie ! Ah, puisque dans la
» vérité l'on découvre et l'on saisit le souverain bien, et puis-
» que la vérité en même temps est la sagesse, amants de la sa-
» gesse, disciples de la vérité, contemplons en elle le bien su-
» prême, saisissons-le dans l'étreinte de nos désirs, et reposons
» saintement notre cœur dans sa jouissance : car celui qui se
» repose dans le souverain bien et en jouit, oui, celui-là et
» celui-là seul est véritablement heureux. » (Du Libre arbitre;
livre II, chap. XIII.)

FIN.

PARIS. — IMPRIMERIE D'ADRIEN LE CLERE,
rue Cassette, 29, près Saint-Sulpice.

www.ingramcontent.com/pod-product-compliance
Lightning Source LLC
LaVergne TN
LVHW021000090426
835512LV00009B/1980